DES

DÉLÉGATIONS SPÉCIALES

PAR

Marcel JUILLET SAINT-LAGER

SOUS-CHEF DE BUREAU AU MINISTÈRE DE L'INTÉRIEUR

ANCIEN VICE-PRÉSIDENT DE CONSEIL DE PRÉFECTURE

PARIS

BERGER-LEVRAULT ET Cie, LIBRAIRES-ÉDITEURS

RUE DES BEAUX-ARTS, 5

MÊME MAISON A NANCY

—

1892

DES
DÉLÉGATIONS SPÉCIALES

Marcel JUILLET SAINT-LAGER

SOUS-CHEF DE BUREAU AU MINISTÈRE DE L'INTÉRIEUR

ANCIEN VICE-PRÉSIDENT DE CONSEIL DE PRÉFECTURE

PARIS

BERGER-LEVRAULT ET Cie, LIBRAIRES-ÉDITEURS

RUE DES BEAUX-ARTS, 5

MÈME MAISON A NANCY

—

1892

DES

DÉLÉGATIONS SPÉCIALES

I. — Des cas où il y a lieu d'instituer une délégation spéciale.

Bien qu'il y ait déjà huit ans que la loi du 5 avril 1884 est en vigueur, il peut rester encore dans certains esprits des doutes sur les cas où il y a nécessité de nommer la « délégation spéciale », qui doit provisoirement, et durant un temps limité, remplir, pour l'expédition des affaires courantes, les fonctions de conseil municipal, et sur le fonctionnement de ces commissions temporaires.

C'est l'article 44 de la loi de 1884 qui fixe la règle à suivre sur ce point. Nous en reproduisons les deux premiers paragraphes :

« En cas de dissolution d'un conseil municipal *ou* de démission de « tous ses membres en exercice, ET lorsqu'aucun conseil municipal « ne peut être constitué, une délégation spéciale en remplit les fonc- « tions.

« Dans les huit jours qui suivent la dissolution ou l'acceptation de « la démission, cette délégation spéciale est nommée par décret du « Président de la République, et, dans les colonies, par arrêté du gou- « verneur. »

Bien que la rédaction puisse prêter à amphibologie, le législateur a entendu évidemment combler les lacunes existant dans les lois antérieures et fixer à *trois* le nombre des cas où il y a lieu de nommer une délégation spéciale : 1° dissolution ; 2° démission de tous les membres du conseil en exercice ; 3° impossibilité de constituer un conseil municipal.

Cette doctrine a été adoptée depuis longtemps par le ministère de l'intérieur[1]. C'est également celle de M. Léon Morgand[2], l'un des commentateurs les plus autorisés de la loi municipale de 1884.

Les adversaires de cette interprétation, se basant sur les mots *ou* et ET du paragraphe 1er, ont voulu réduire à deux seulement le nombre des cas où la nomination d'une délégation doit être faite :

1° Le cas de dissolution ; 2° le cas de démission collective, lorsqu'il y a, *en même temps,* impossibilité de constituer un conseil municipal.

A l'argument de texte ainsi mis en avant on peut opposer un autre argument de texte, plus décisif, puisé dans la disposition typographique même de l'article 44. Si l'on examine attentivement le paragraphe 1er, on verra que le premier membre de phrase, qui contient la double hypothèse de dissolution *ou* de démission collective, est séparé par une virgule du second membre de phrase relatif à l'impossibilité de constituer un conseil municipal. Par conséquent, si l'on veut que cette condition d'impossibilité soit concomitante avec la démission collective des conseillers en exercice pour rendre obligatoire la constitution d'une délégation spéciale, on sera forcé de l'exiger aussi pour le cas de dissolution, car rien n'autorise la différence qui serait établie, au point de vue du texte, entre les deux situations. On en arriverait dès lors à dire que la nomination d'une délégation spéciale ne peut intervenir que si l'impossibilité de reconstituer le conseil municipal a été préalablement démontrée, qu'il s'agisse de dissolution aussi bien que de démission collective.

Mais, à notre avis, les arguments de texte ne doivent être mis en ligne qu'à défaut de raisons meilleures, et nous estimons que l'interprétation donnée par nos adversaires au § 1er de l'article 44 se trouve réfutée par le § 2, qui dispose : « Dans *les huit jours* qui suivent la dissolution ou l'acceptation de la démission[3], cette délégation est nommée, etc. »

En cas de dissolution, pas de contestation ; pas de difficultés non plus d'ailleurs, puisque le pouvoir exécutif qui la prononce peut aisément, dans la huitaine, nommer la délégation.

---

1. Circulaire du 10 mars 1887.

2. V. *La Loi municipale* (Berger-Levrault et Cie, éditeurs), t. Ier, pages 265 et 266.

3. C'est encore là toutefois une rédaction défectueuse, puisque le préfet n'a plus à accepter les démissions de conseillers municipaux, mais seulement à en *accuser réception.*

Mais en cas de démission collective, comment, en présence du § 2, exiger la constatation de l'impossibilité de reconstituer le conseil municipal ? En admettant que le préfet convoque les électeurs le jour même où les démissions sont devenues définitives, pour la date la plus rapprochée, il faudra un minimum de quinze jours francs entre l'arrêté et le scrutin. Puis on devra attendre les résultats du deuxième tour, soit encore un laps de temps de sept jours, puisque c'est seulement après le scrutin de ballottage que l'on saura s'il a été possible ou non de reconstituer l'assemblée communale. Supposons encore que, dès la réception du procès-verbal des élections du deuxième tour, — soit encore un délai de deux jours au minimum, — le préfet propose au ministre de nommer une délégation ; que le ministre apporte toute la hâte possible à présenter le décret à la signature du chef de l'État et à le notifier au préfet. On accordera bien que toutes ces mesures demanderont quelques jours, et en additionnant tous ces différents délais, on arrive à un total de quatre semaines, tandis que l'article 44, § 2, n'accorde que huit jours.

Il serait inadmissible que, sous prétexte de mieux respecter le § 1er, on fût entraîné à violer ouvertement le § 2.

Il semble donc suffisamment démontré qu'il est légalement impossible, en cas de démission collective des membres en exercice d'un conseil municipal, d'attendre, pour instituer la délégation, que les événements aient prouvé l'impossibilité de reconstituer l'assemblée communale et qu'ainsi cette impossibilité constitue un cas spécial, le troisième de ceux qu'a prévus le législateur de 1884.

On pourrait, il est vrai, invoquer en sens contraire l'autorité du rapporteur de la commission du Sénat qui, répondant à M. le général Robert, dans la séance du 1er mars 1884, a paru admettre que l'impossibilité de constituer un conseil municipal devait être constatée, en cas de démission des membres en exercice, *mais non en cas de dissolution*, pour permettre au Gouvernement de nommer une délégation spéciale.

Nous croyons avoir déjà établi combien cette opinion est difficilement soutenable. Mais il y a plus. L'honorable sénateur, en répondant à son collègue, semble avoir perdu de vue les explications fournies à la Chambre, sur le même sujet, quelques mois auparavant [1].

M. Amagat avait proposé en effet que le délégué, — il s'agissait

---

1. Séance du 6 juillet 1883.

alors d'un délégué unique, — fût nommé par le suffrage universel et non par le pouvoir central. M. de Marcère, en exposant les difficultés que présenterait un pareil système, lui répondit : « .... On se trouverait *dans cet autre cas,* très rare, mais qui se présente quelquefois, dans lequel il est impossible de constituer un conseil municipal.... »

Mais, dira-t-on, ce cas ne se présentera jamais isolément, et l'article 44 se trouve dès lors sans objet. Tel n'est pas notre avis.

Il peut arriver qu'au moment du renouvellement général des conseils municipaux, la transmission des pouvoirs de l'assemblée ancienne à une nouvelle assemblée n'ait pu se faire, soit parce que le corps électoral s'est abstenu de se rendre au scrutin, soit parce que les opérations n'ont pas donné de résultat, par suite de troubles, de violences ou d'autres causes encore... L'ancien conseil n'existe plus ; le nouveau n'a pu être formé : d'où la nécessité de nommer une délégation spéciale. C'est ce qui a eu lieu, lors du renouvellement de 1884, dans les communes de Saint-Martory (Haute-Garonne) et Solignac (Haute-Vienne) ; lors du renouvellement de 1888, dans les communes de Belvedere-Campomoro, Polveroso, Cuttoli-Corticchiato, Pieve et Peri (Corse).

Mais il est un autre cas encore où l'impossibilité de constituer le conseil municipal peut se présenter : c'est celui où, après annulation totale et définitive des élections précédentes, les élections nouvelles n'aboutissent pas. La loi de 1884 n'autorise pas la nomination d'une délégation spéciale après l'annulation des opérations électorales, ce qui est regrettable, ainsi que le constatait ici même un membre autorisé du Conseil d'État, M. Chareyre, en rendant compte d'un arrêt de ce tribunal (élections de Saint-Louis du Sénégal, 28 novembre 1891[1]). C'est l'ancienne municipalité, dont les pouvoirs viennent d'être invalidés, qui préside le scrutin. Si ce scrutin ne donne pas de résultat, tant au second qu'au premier tour, il y a impossibilité de constituer le conseil municipal, d'où nécessité de nommer une délégation[2].

C'est certainement à ces situations diverses que faisait allusion M. de Marcère lorsqu'il disait : « Nous sommes dans une commune où il y a

---

1. 1892, t. I, p. 46.

2. Ce fait s'est produit, entre les renouvellements de 1884 et de 1888, dans les communes de Quarante et de Saussan (Hérault), et postérieurement au renouvellement de 1888, dans la commune de Pietralba (Corse).

« une situation politique locale telle qu'il est impossible d'arriver à
« constituer le conseil municipal. Il est impossible, dès lors, de con-
« sulter sérieusement le suffrage universel [1].... », ou lorsque, dans
son rapport supplémentaire, présenté avant la seconde délibération [2],
il s'exprimait ainsi, sur l'article 87 : « La nomination d'un délégué
« nommé par le pouvoir central est en harmonie avec une autre dis-
« position de notre loi par laquelle un délégué spécial [3] peut être
« chargé de remplir les fonctions de maire, en cas de démission, ou
« de dissolution du conseil municipal, *ou* lorsqu'aucun conseil muni-
« cipal ne peut être constitué, etc... »

Cette déclaration est tellement précise qu'il semble bien difficile de
la réfuter, d'autant plus qu'à aucun moment de la discussion, soit devant la Chambre des députés, soit devant le Sénat, elle n'a été con-
testée.

Mais alors, quelle est la portée de la réponse suivante faite par
M. Demôle, rapporteur, à M. le général Robert, dans la séance du Sénat
du 1er mars 1884 ?

« Quand tous les membres du conseil municipal ont donné leur dé-
« mission en masse, il faut une seconde condition pour que la déléga-
« tion spéciale soit nommée : il faut qu'un conseil municipal régulier
« ne puisse pas être constitué dans la commune. On appelle à l'élec-
« tion les électeurs de la commune, et si les électeurs ne se présentent
« pas, si... on ne peut arriver à une élection, alors la deuxième con-
« dition étant remplie, le Président de la République nomme la délé-
« gation spéciale. »

Remarquons tout d'abord que l'honorable rapporteur n'a eu occasion
de donner son sentiment qu'après la discussion et le vote du § 1er de
l'article 44. Il n'a donc pu exprimer qu'une opinion personnelle, qui
n'engageait ni la commission, ni le Sénat, et qui, surtout, ne pouvait
infirmer les déclarations si concluantes de M. de Marcère, déclarations
faites dans un rapport et au cours d'une discussion. En second lieu,
l'opinion donnée par M. Demôle était tout à fait incidente, car ce n'est
pas sur ce point particulier que le questionnait son collègue, puisque

---

1. Chambre des députés, séance du 6 juillet 1883.

2. Rapport de M. de Marcère déposé sur le bureau de la Chambre à la séance
du 24 avril 1883.

3. Il s'agissait alors d'un délégué unique et non d'une délégation de plusieurs
membres, comme on le verra plus loin.

M. le général Robert demandait seulement : « Comment et à la suite de
« quelles opérations sera-t-il bien constaté qu'un conseil municipal ne
« peut pas être constitué.....? » Pour être impartial, nous devons
ajouter que M. le général Robert semblait admettre que l'impossibilité
de reconstituer l'assemblée communale était une condition nécessaire
pour permettre la nomination d'une délégation, aussi bien en cas de
dissolution qu'en cas de démission collective.

N'oublions pas toutefois que, lorsqu'après la discussion devant le
Sénat le projet de loi revint devant la Chambre des députés, M. Fer-
dinand Dreyfus, qui avait succédé à M. de Marcère comme rapporteur,
fit les observations suivantes sur l'article 44 [1], amendé par la Chambre
haute : « Cet article est relatif aux mesures à prendre en cas de disso-
« lution d'un conseil municipal, ou lors de la démission de tous ses
« membres en exercice, *ou* lorsqu'aucun conseil municipal ne peut
« être constitué. »

Dira-t-on que M. Dreyfus ignorait les paroles de M. Demôle ? Cela est
d'autant moins admissible qu'un peu plus loin, dans ce même rapport
et au sujet du même article, il invoque précisément les considérations
développées, à un autre point de vue, par M. Demôle. Enfin, il est à
remarquer que celui-ci, dans son second rapport au Sénat, est resté
muet sur la question. On peut donc supposer que, si l'honorable sénateur n'avait pas implicitement acquiescé aux explications de M. Dreyfus,
postérieures aux siennes, il n'aurait pas manqué d'appeler sur ce point
l'attention de ses collègues lors du retour du projet au Sénat et de
provoquer une discussion spéciale sur ce point important.

Ici se pose une question : pourquoi la conjonction *et* figure-t-elle
dans le texte de loi et la disjonction *ou* dans les paroles de MM. de
Marcère et Dreyfus ?

Simple erreur de rédaction, avons-nous dit, mais très explicable. Les
projets primitifs ne prévoyaient la nomination d'une délégation spéciale que dans deux cas : celui de dissolution et celui de démission de
tous les membres en exercice d'un conseil municipal. Les premiers
travaux ne permettent pas de dire pourquoi et comment l'addition,
qui existe dans la loi actuelle, a été introduite. Elle fait sa première
apparition dans la rédaction soumise à la Chambre des députés par la

---

1. Chambre des députés, séance du 18 mars 1884,

commission nommée le 7 février 1882, dont M. de Marcère était le président et le rapporteur [1].

C'est donc à cette commission qu'il faut demander le sens et la portée de la modification dont il s'agit. M. de Marcère, qui semblait prévoir les difficultés prêtes à surgir, a pris soin d'y répondre d'avance en faisant, dans son rapport du 24 avril 1883, la déclaration que nous avons citée plus haut et qui indique les trois circonstances où il y a lieu d'instituer une délégation spéciale.

La question ne peut d'ailleurs plus faire doute aujourd'hui.

Elle a été tranchée, dans le sens que nous indiquons, par le Conseil d'État dans deux arrêts récents, l'un du 28 novembre 1891 (Saint-Louis du Sénégal) que nous rappelions tout à l'heure, et l'autre du 26 décembre 1891 (Saint-Julien-Beychevelle, Gironde). La seconde de ces décisions est conçue en des termes qui ne laissent aucun doute ; aussi croyons-nous devoir la reproduire *in extenso* :

Le Conseil d'État, etc ...,

Vu la requête sommaire et le mémoire ampliatif présentés pour le sieur de Las Cases..... tendant à ce qu'il plaise au Conseil annuler, pour excès de pouvoir, un décret, en date du 21 novembre 1889, qui a institué dans la commune de Saint-Julien-Beychevelle (Gironde), une délégation spéciale pour remplacer le conseil municipal dont tous les membres avaient donné leur démission..... ;

Vu la loi du 5 avril 1884..... ;

Sur la recevabilité :

Considérant qu'aux termes de l'article 81, § 2, de la loi du 5 avril 1884, les maires et adjoints continuent l'exercice de leurs fonctions, sauf les dispositions des articles 80, 86 et 87 de la présente loi, jusqu'à l'installation de leurs successeurs ; que le sieur de Las Cases était maire au moment de la démission de tous les conseillers municipaux en exercice, et qu'il soutient que les dispositions des articles 80, 86 et 87 précités ne peuvent lui être opposées ; que, dans ces circonstances, il a intérêt et qualité pour se pourvoir contre le décret attaqué.

Au fond :

Considérant qu'aux termes de l'article 44, § 1er, de la loi du 5 avril 1884, en cas de dissolution du conseil municipal ou de démission de tous ses mem-

---

1. Rapport et projet déposés à la séance de la Chambre du 19 décembre 1882, insérés au *Journal officiel* du 4 janvier 1883. — *Documents parlementaires*, annexe n° 1547, pages 2657 et suivantes.

bres en exercice, et lorsqu'un conseil municipal ne peut être constitué, une délégation spéciale en remplit les fonctions ; qu'ainsi la disposition précitée a prévu comme donnant lieu à la nomination d'une délégation spéciale *trois* cas nettement déterminés et parfaitement distincts ; que dans celui de démission de tous les membres en exercice, il n'est point exigé, avant la nomination de la délégation spéciale, qu'il soit reconnu impossible de constituer un nouveau conseil municipal ;

Considérant, en effet, que la nécessité de nommer, conformément au § 2 du même article, cette délégation par décret, dans les huit jours qui suivent la dissolution ou la démission, s'oppose à toute élection préalable d'un nouveau conseil, le délai de quinzaine fixé par l'article 15 de la loi précitée pour la convocation et le vote des électeurs n'expirant qu'après celui dans lequel la délégation spéciale doit être nommée; qu'il suit de là que le sieur de Las Cases n'est pas fondé à demander l'annulation du décret attaqué ;

Décide :

La requête du sieur de Las Cases est rejetée.

Il y a donc trois cas dans lesquels il y a lieu de nommer une délégation spéciale : 1° le cas de dissolution ; 2° celui de la démission de tous les conseillers municipaux en exercice ; 3° celui où il est impossible de constituer l'assemblée communale.

Dans ce dernier cas, il faut comprendre celui *où il n'a pas encore été possible* d'élire un conseil municipal dans une commune nouvellement créée. Dès sa naissance administrative, celle-ci a des droits, des intérêts, des devoirs ; son existence de personne morale commence, mais elle n'a pas encore de conseil municipal. Qui sera chargé de l'administrer jusqu'au jour où une représentation régulière sera installée ? Qui présidera les opérations électorales ?

Quand la commune nouvelle est formée d'une ancienne section ou d'une portion de territoire d'une seule commune, quelques personnes ont pensé que cette mission incombe au premier conseiller municipal inscrit domicilié dans la nouvelle commune. Cette théorie ne s'appuie sur aucun principe bien assuré, car les conseils municipaux étant dissous de plein droit en cas de réunion ou de fractionnement de communes, les pouvoirs de tous les conseillers se trouvent par là même expirés; seuls le maire et l'adjoint conservent provisoirement les leurs en vertu de l'article 81 de la loi du 5 avril 1884. Par suite, les conseillers domiciliés dans la section nouvellement érigée ne peuvent plus fonctionner ni dans l'ancienne commune, ni dans celle qui vient d'être constituée.

Dans tous les cas, si la nouvelle commune est formée de portions de territoire appartenant à plusieurs communes, cette solution elle-même serait inapplicable. Pour des conseillers municipaux appartenant à des assemblées différentes, il n'y a plus d'ordre d'inscription. Quel serait alors l'administrateur provisoire ? On répond : un délégué nommé par le préfet en vertu de ses pouvoirs généraux d'administration.

Pourquoi deux solutions si différentes, dont l'une d'ailleurs est contraire à la loi et l'autre ne s'appuie sur aucun texte législatif ou réglementaire ? Celle qui consiste à nommer, en pareille circonstance, une délégation spéciale a pour elle l'interprétation logique de la loi municipale, elle coupe court à toutes difficultés. Enfin elle a été appliquée par le ministère de l'intérieur chaque fois que l'occasion s'en est présentée depuis 1884.

Nous croyons également utile de faire observer qu'il y a lieu de nommer une délégation spéciale lorsque la dissolution d'un conseil municipal est prononcée, non par décret du pouvoir exécutif, mais d'office, en vertu de l'article 9 de la loi du 5 avril, par suite de modifications apportées à la circonscription territoriale de la commune.

Plusieurs cas peuvent se présenter. On peut distraire des portions de territoire d'une ou plusieurs communes pour en créer une nouvelle (c'est le cas que nous avons, en partie, examiné plus haut); — on peut prendre à une ou plusieurs communes des portions de territoire pour les annexer à une autre; — on peut opérer un échange de portions de territoire entre deux communes; — on peut réunir deux ou plusieurs communes en une seule.

Dans ces diverses hypothèses, il est nécessaire de remplacer immédiatement par une délégation spéciale le conseil municipal de chaque commune démembrée ou augmentée par des annexions.

Pour les communes créées, nous avons déjà vu ce qu'il y a à faire et nous ajoutons que si, comme nous venons de l'établir, il y a nécessité de nommer une délégation dans les communes fractionnées ou réunies, qui avaient un conseil municipal, cette nécessité est, *à fortiori*, plus impérieuse encore dans une commune nouvellement créée où tout est à faire.

La nomination des délégations doit, aux termes de l'article 43, intervenir dans les huit jours qui suivent la promulgation de la loi, la date du décret présidentiel ou celle de l'arrêté préfectoral, suivant les espèces prévues par l'article 5 et les paragraphes 2, 3 et 4 de l'article 6.

On ne comprendrait pas, en effet, pourquoi la dissolution d'office ne produirait pas les mêmes conséquences que la dissolution prononcée par décret. La situation est identique ; les besoins auxquels il s'agit de pourvoir sont pareils : il n'y a donc aucune distinction à établir. On peut objecter, il est vrai, que l'article 9 dispose qu'en cas de dissolution de plein droit, les élections nouvelles doivent avoir lieu immédiatement, tandis que l'article 45, visant l'article 44, donne à l'administration supérieure un délai de deux mois pour reconstituer l'assemblée communale.

La raison de cette différence vient de ce que le Gouvernement ne prononce la dissolution d'un conseil municipal que pour des motifs graves, dans les cas notamment où, par suite des divisions existant tant au sein de l'assemblée que dans le corps électoral, il convient de donner aux esprits le temps de se calmer. Le législateur a pensé qu'un laps de temps de deux mois serait alors suffisant pour atteindre ce but. Au contraire la dissolution d'office résultant d'un fractionnement, d'une création ou d'une réunion de communes, est simplement la conséquence légale des modifications apportées aux circonscriptions territoriales. On n'avait donc aucune raison pour ajourner à une date éloignée les élections nouvelles et on était en droit d'exiger qu'elles eussent lieu sans délai, afin de faire cesser le plus tôt possible une situation essentiellement transitoire.

Nous pourrions citer des exemples où, en pareil cas, le préfet a convoqué les électeurs très peu de jours après avoir demandé au ministre de provoquer la nomination de la délégation, et cette manière de procéder est certainement la plus conforme à l'esprit de la loi.

II. — De l'obligation d'instituer une délégation spéciale.

On a dit que l'institution d'une délégation spéciale est un simple moyen d'administration mis à la disposition du Gouvernement et dont il peut user, selon les circonstances. Certains auteurs même, et non des moins qualifiés, pensent que l'article 44 de la loi du 5 avril 1884 *autorise seulement le Gouvernement* à nommer une délégation dans certains cas déterminés, sans lui en faire une obligation. C'est là, à notre avis, une erreur d'interprétation.

La création des délégations spéciales, qui remplacent aujourd'hui les commissions municipales de la législation antérieure, est bien un moyen d'administration. Mais la loi ne donne pas au Gouvernement la faculté d'en user, elle lui en impose, selon nous, l'obligation.

Le texte du paragraphe 2 de l'article 44 porte en effet : « Dans les huit jours qui suivront....., *cette délégation est nommée* », termes qui semblent d'autant plus impératifs, qu'on doit les rapprocher du paragraphe 1er, d'après lequel une délégation spéciale *remplit* les fonctions de conseil municipal en cas de.....

Le texte primitivement soumis aux délibérations du Parlement et adopté en première lecture par la Chambre des députés[1], portait : « En cas de dissolution, etc., un délégué spécial *peut être chargé* de remplir les fonctions de maire. »

Entre les deux délibérations, le texte a pris un caractère impératif que la Chambre et le Sénat ont entendu lui conserver, ainsi que cela ressort des discussions ultérieures. Les preuves en sont nombreuses. C'est d'abord M. de Marcère répondant à M. Amagat[2], comme rapporteur de la commission, et disant : « Cependant il faut que ces communes soient administrées. Nous avons écarté la commission administrative, il faut la remplacer par quelqu'un..... » C'est M. Marius Poulet[3] qui, reconnaissant l'obligation de nommer un administrateur provisoire, veut imposer au Gouvernement un délai très court, — huit jours, — dans lequel cette nomination doit avoir lieu.

Au Sénat, dès la première discussion[4], le caractère obligatoire de la mesure a été reconnu et la commission sénatoriale a adopté le texte de la Chambre, avec l'amendement Marius Poulet, en substituant seulement une délégation de plusieurs membres au délégué unique des projets primitifs. Ce caractère obligatoire n'a pas été contesté par la suite, malgré les termes dont s'est servi le rapporteur de la commission sénatoriale et dont nous avons déjà parlé, lorqu'il a répondu à la question de M. le général Robert.

Il y a donc une double obligation : d'abord celle de nommer une

1. Séance du 17 février 1883.
2. Chambre des députés, séance du 6 juillet 1883.
3. *Ibidem*.
4. Sénat, séance du 7 février 1884.

délégation spéciale et ensuite de la nommer dans un délai déterminé. Si on admettait que l'administration supérieure n'est pas tenue d'instituer une délégation pour remplacer provisoirement un conseil municipal qui n'existe plus, comment procéderait-on?

A cette question il a été parfois répondu que le préfet n'aurait, en pareille occurrence, qu'à nommer un délégué de son choix.

Quel serait l'avantage de cette manière de procéder? Que le préfet nomme un délégué ou que le pouvoir exécutif institue une délégation, cela revient au même. Seulement le second moyen est légal, tandis que le premier ne l'est pas. Où trouver, en effet, un texte qui permette au préfet de confier l'administration d'une commune à un délégué choisi et nommé par lui?

L'article 85 autorise, il est vrai, cette délégation, mais pour faire exécuter certains actes déterminés, ceux que la loi prescrit, et encore faut-il que le maire ou l'adjoint mis en demeure ait refusé de les accomplir. Comment adopter cette règle au cas où il n'y a plus de maire ni d'adjoint?

La nomination d'un délégué, à qui est confiée l'administration d'une commune, est un fait anormal, que peuvent seules justifier des circonstances exceptionnelles, et le préfet ne peut puiser la possibilité de recourir à ce moyen que dans ses pouvoirs généraux d'administration, c'est-à-dire pour des cas tellement graves et tellement rares que la loi n'a pas eu à les prévoir, par exemple si une invasion ou une épidémie fait fuir tous les membres du conseil communal et de la municipalité, ou si, des délégations spéciales ayant été successivement nommées et ayant refusé de remplir leur mission, l'administrateur du département se voit contraint d'assurer, jusqu'aux élections nouvelles, la marche des services municipaux et l'exécution des lois.

La nomination d'un simple délégué préfectoral, au lieu d'une délégation spéciale, est d'ailleurs en contradiction avec les intentions du législateur de 1884, qui a craint qu'un délégué unique ne pût remplir à la fois les fonctions de maire et de conseil municipal. C'est pourquoi, après bien des hésitations, il a décidé que les délégations spéciales comprendraient au moins trois membres, dont un président, et que leur effectif pourrait être élevé à 4, 5, 6 ou 7 membres dans les villes d'une population supérieure à 35,000 habitants.

Enfin une dernière raison semble péremptoire : le projet primitif, amendé entre la première et la deuxième délibération par la commission de la Chambre des députés, confiait précisément au préfet le soin de nommer le délégué unique qui devait remplir l'intérim jusqu'à la reconstitution du conseil municipal ; mais le Parlement n'a pas cru devoir persister dans cette voie. Il a voulu que le délégué remplacé par la délégation fût nommé par décret du chef de l'État. Le moyen proposé est donc illégal ou extra-légal, selon le point de vue sous lequel on l'envisage.

Il reste à examiner deux objections qu'on a fait encore valoir contre cette théorie ; l'une est tirée d'ordre politique, l'autre prétend s'appuyer sur un argument de droit. Lorsque le Gouvernement, dit-on, nomme une délégation spéciale, il semble désigner les membres qui en font partie au choix ultérieur du corps électoral. Il encourt ainsi le reproche de candidature officielle, et c'est là un danger auquel on ne doit pas l'exposer. Il ne saurait donc y avoir pour le Gouvernement *obligation* de constituer une délégation spéciale, mais seulement une *faculté* dont il peut user s'il le juge convenable.

Cette pensée n'a pas échappé au législateur de 1884.

Le projet de loi élaboré par la commission de 22 membres dont M. de Marcère a été le président et le rapporteur, maintenait le principe des commissions municipales et édictait, en son article 30, § 2, que l'effectif de ces commissions, nommées par le ministre de l'intérieur, ne pourrait être inférieur à la moitié de l'effectif légal des conseils municipaux qu'elles devaient remplacer provisoirement.

Plus tard, lors de la discussion [1], comme on avait décidé de substituer à la commission municipale un délégué unique, désigné par l'administration, M. Amagat demanda que ce délégué fût élu par le suffrage universel, en ajoutant : « S'il est nommé par le pouvoir exécutif, il « sera nécessairement accusé de faire de la candidature officielle. Les « soupçons dirigés contre lui atteindront le pouvoir central. C'est ce « que je veux éviter. »

L'honorable M. de Marcère répondit à son collègue en s'exprimant ainsi [2] : « Nous avons, en effet, dans l'intervalle des deux délibérations, « supprimé la commission administrative ; nous avons pensé qu'il ne « fallait pas laisser subsister dans la loi municipale cette institution,

---

1. Chambre des députés, séance du 6 juillet 1883.
2. *Ibidem.*

« déjà ancienne, mais qui n'a jamais été entourée de la faveur pu-
« blique.

«..... La seconde raison qui nous a déterminés c'est que, lorsqu'on
« constitue ainsi une commission par un choix administratif et arbi-
« traire, on semble désigner à l'avance au corps électoral des candi-
« dats pour les élections prochaines. »

Lorsque le projet de loi vint devant la Chambre Haute, la commission
sénatoriale apporta des modifications profondes à la rédaction de la
Chambre des députés pour les articles relatifs aux délégations spéciales
et M. de Ravignan, en félicitant la commission de ses réformes, dit [1] :
« En substituant au délégué unique la délégation de trois membres,
« vous avez ajouté une garantie.... »

En effet le Sénat n'a pas partagé les craintes exprimées par M. Amagat et par M. de Marcère, en ce qui concerne le reproche éven-
tuel de candidature officielle et, en dernier lieu, la Chambre des députés s'est rangée à l'opinion du Sénat. C'est que, hormis les villes
où la population dépasse 35,000 âmes, la délégation spéciale ne peut
compter que trois membres, alors que les conseils municipaux en com-
prennent dix, douze, seize, vingt et un, vingt-trois, vingt-sept ou trente.
Dans les villes ayant plus de 35,000 habitants, la délégation peut comprendre jusqu'à sept membres, tandis que les conseils municipaux en
ont trente, trente-deux, trente-quatre ou trente-six.

La désignation officielle, en admettant qu'elle existe, ne s'applique-
rait donc qu'à un nombre de candidats bien inférieur à l'effectif des
assemblées communales à élire. D'ailleurs, il n'est pas à notre connais-
sance que, depuis la promulgation de la loi du 5 avril 1884, les
craintes ainsi émises se soient une seule fois réalisées.

Enfin nous verrons plus loin que l'administration supérieure peut, le
cas échéant, composer la délégation de telle sorte, que le reproche
qu'on semble redouter soit impossible à formuler.

Passons à la seconde objection, d'après laquelle l'institution des
délégations spéciales serait une atteinte au principe posé par l'article 81
de la loi de 1884, lequel dispose : « Les maires et adjoints sont nommés
pour la même durée que le conseil municipal. Ils continuent leurs
fonctions, sauf les dispositions des articles 80, 86, 87 de la présente
loi, jusqu'à l'installation de leurs successeurs. »

---

1. Sénat, séance du 1er mars 1884.

On veut conclure de cet article 81 que, *sauf exceptions,* les magistrats municipaux ont le droit de détenir le pouvoir communal jusqu'à l'installation de leurs successeurs et que, les priver de ce droit par la nomination d'une délégation, constitue de la part du Gouvernement un acte arbitraire.

Nous pourrions nous borner à répondre que, dans sa seconde partie, l'article 81 vise l'article 87, lequel précisément confie les pouvoirs du maire au président de la délégation nommée en vertu de l'article 44; que cet article 44 fixe les trois cas où l'institution d'une délégation est nécessaire et que, par conséquent, l'argument tombe de lui-même, puisqu'il n'y a rien d'arbitraire à se conformer à la loi. Mais il ne nous paraît pas inutile de rappeler ici l'avis émis le 20 janvier 1885 par la section de l'intérieur du Conseil d'État sur la portée de l'article 81 [1].

Le Conseil d'État a décidé que si, aux termes du § 2 de cet article, le maire et l'adjoint *doivent* rester en fonctions jusqu'à l'installation de leurs successeurs, cette prescription a eu pour but *d'imposer une obligation* aux magistrats municipaux, dans l'intérêt des services publics, *mais sans leur conférer un droit* dont ils puissent se prévaloir vis-à-vis de l'autorité supérieure.

Partant de cette donnée, le Conseil d'État a conclu que le magistrat municipal privé de sa qualité de conseiller, par exemple par une invalidation définitive, doit cesser ses fonctions dès la notification de la décision qui l'atteint. Or, la conséquence qui découle d'une décision judiciaire doit découler, de même, d'une décision régulièrement prise par le pouvoir exécutif; dès lors, lorsqu'un magistrat municipal vient à perdre la qualité de conseiller par une dissolution de l'assemblée dont il fait partie ou par une démission définitive, il doit remettre le service à son suppléant. En cas de démission collective ou de dissolution, ce suppléant n'est autre que le président de la délégation spéciale, ainsi que le dispose l'article 87 de la loi du 5 avril 1884 [2].

---

1. *Revue générale d'administration,* 1885, t. I, pages 193 et suiv.

2. L'arrêt du Conseil d'État (26 décembre 1891; *Saint-Julien-Beychevelle,* Gironde) reproduit plus haut paraît considérer, bien que d'une façon seulement implicite, la nomination d'une délégation spéciale comme une obligation pour le Gouvernement : « Considérant... que la *nécessité* de nommer conformément au § 2 du même article (l'article 44), cette délégation par décret, dans les huit jours qui suivent et.... » Il semble donc bien que le Conseil d'État envisage la nomination de la délégation comme obligatoire.

Objectera-t-on que ce qui est une nécessité aux yeux du Conseil d'État, c'est de

III. — Composition de la délégation.

Nous avons vu quelles variations se sont produites, lors de la discussion du projet de loi, en ce qui concerne l'effectif des membres de la délégation spéciale. L'honorable M. de Marcère a donné [1] la raison pour laquelle la commission qu'il présidait avait adopté le principe d'un délégué unique : « Nous avons considéré, a-t-il dit, que, dans l'état de « nos mœurs politiques d'aujourd'hui, il serait très difficile de trouver « dans nos communes un nombre, même restreint, de citoyens qui « voulussent accepter d'être membres d'une commission adminis- « trative. »

Nous avons vu ensuite comment et pourquoi on est revenu au principe d'une délégation composée de plusieurs membres. Examinons maintenant de quelles personnes peut être composée la délégation spéciale.

Le projet de la commission de la Chambre des députés voulait que le délégué — on en était encore au délégué unique — fût pris parmi les citoyens éligibles aux fonctions de conseiller municipal et de maire. Dans ces conditions on s'explique la proposition de M. Amagat, demandant que le délégué fût élu par le suffrage universel [2]. Le rapporteur lui a fait observer, avec beaucoup de raison [3], que le fait de confier l'administration communale à un délégué était motivé précisément par la crainte que, par suite du trouble des esprits, le corps électoral ne fût pas en état de prendre part à un scrutin régulier ; que, si le suffrage universel était consulté pour la nomination d'un administrateur pro-

---

faire, dans la huitaine, la nomination de la délégation, si on a recours à ce moyen, mais non la nomination elle-même ?

Cette opinion est certainement défendable, mais si on l'adopte, on arrive à cette conséquence que, d'après le Conseil d'État, une fois la huitaine passée, le Gouvernement ne pourrait plus nommer de délégation spéciale. Le délai de huit jours, imparti par la loi de 1884, deviendrait ainsi un délai d'option, passé lequel le Gouvernement ne pourrait plus avoir recours au moyen d'administration qu'il avait en mains, à moins qu'un événement nouveau venant à créer une situation nouvelle, le replace dans la position qu'il avait perdue.

Nous avouons préférer à cette interprétation la doctrine exposée ci-dessus.

1. Chambre des députés, séance du 6 juillet 1883.

2. *Ibidem.*

3. *Ibidem.*

visoire, il pourrait l'être aussi bien pour la nomination d'une assemblée et qu'alors la mesure n'aurait plus de raison d'être.

Quelques instants après, M. Folliet[1] proposa de supprimer dans le projet de loi les mots : « éligibles aux fonctions de conseiller municipal et de maire » afin de faciliter le choix de l'administration. « C'est seu-
« lement, en effet, a dit l'honorable député de la Haute-Savoie, en
« dehors de la commune que vous pourrez trouver un délégué dont
« la présence ramènera le calme dans les esprits, alors que vous le
« chercheriez en vain dans la commune elle-même. »

L'article 44 fut renvoyé à la commission.

En reprenant la discussion de cette partie de la loi[2], le rapporteur, sans s'associer toutefois à ce qu'avait d'absolu l'opinion de M. Folliet, s'exprima ainsi : « Un de nos collègues a proposé de laisser le choix
« de M. le Président de la République se porter sur un citoyen appar-
« tenant à la commune ou inscrit au rôle des contributions directes,
« soit sur un étranger à la commune. La commission a considéré qu'il
« pourrait être difficile, dans les cas exceptionnels que nous envisageons
« dans notre article, de trouver dans la commune un délégué qui
« veuille bien remplir les fonctions. Nous acceptons la proposition de
« notre collègue, qui consiste à laisser M. le Président de la Répu-
« blique libre de choisir pour délégué soit un éligible, soit une per-
« sonne étrangère à la commune. Nous pensons que cette disposition
« ne peut que faciliter la solution des difficultés qu'on peut ren-
« contrer. »

Pour bien faire ressortir la valeur de cette déclaration et donner la portée exacte du texte nouveau soumis à la Chambre, le président posa à M. de Marcère la question suivante : « Vous supprimez alors ces mots :
« Parmi les citoyens éligibles, etc..... ? » question qui reçut du rapporteur une réponse nettement affirmative. Ce qui est vrai pour un délégué unique, est vrai, à plus forte raison, pour une délégation comprenant plusieurs membres. On peut donc les prendre en dehors de la commune.

Dans la pratique, les difficultés se sont montrées moins nombreuses et moins insurmontables que ne l'avaient craint MM. de Marcère et Folliet. Il est rare que le préfet ait à proposer le choix de personnes étrangères

---

1. Chambre des députés, séance du 6 juillet 1883.
2. Chambre des députés, séance du 7 juillet 1883.

à la commune. Le cas s'est présenté pourtant quelquefois. C'est ainsi qu'on a vu des délégations composées de trois chefs de service de la préfecture, ou du secrétaire de la sous-préfecture assisté de deux fonctionnaires.

En somme, toutes facilités sont données à l'administration supérieure qui, lorsque les circonstances locales lui font craindre d'encourir le reproche de candidature officielle, peut éviter cet inconvénient en composant la délégation de personnes notoirement inéligibles.

Cependant la liberté du choix laissé au Gouvernement n'est pas absolue et souffre quelques exceptions. Ainsi on ne pourrait faire entrer dans une délégation — comme cela a été proposé parfois, — des maires, adjoints ou conseillers municipaux de communes voisines. L'article 35, § 1er, de la loi de 1884 dit, en effet: « Nul ne peut être membre de plusieurs conseils municipaux. » Or la délégation spéciale remplit provisoirement les fonctions d'une assemblée communale ; elle a charge de veiller à la marche des services municipaux, de défendre les intérêts de la commune, etc., et il ne serait pas admissible que ses membres puissent avoir, à un moment donné, comme conseillers de communes voisines, des intérêts opposés. D'un autre côté, il serait excessif de nommer membres de la délégation des individus privés du droit électoral ou pourvus d'un conseil judiciaire, des indigents ou des domestiques attachés exclusivement à la personne, toutes catégories qui sont écartées des fonctions de conseiller municipal par l'article 32.

Les exclusions stipulées par l'article 33 n'ont pas le même caractère puisqu'elles visent non la personne, mais la fonction. Pourtant nous croyons que le Gouvernement hésiterait sans doute à faire tomber son choix sur un juge de paix, un sous-préfet, un commissaire de police ou le ministre d'un culte légalement reconnu, au moins dans le ressort où ils exercent leurs fonctions.

D'un autre côté, on doit tenir compte des prescriptions de l'article 80, qui écarte certaines personnes des fonctions de maire ou d'adjoint. M. Morgand [1] semble admettre que tous les membres de la délégation doivent réunir les conditions d'éligibilité aux fonctions de maire, c'est-à-dire ne se trouver dans aucun des cas d'exclusion prévus par l'article 80.

Cette appréciation nous paraît trop extensive et nous pensons qu'il

---

1. *La Loi municipale*, t. I, p. 411.

suffit que le président, — ainsi que le vice-président s'il y en a un, — ne tombe pas sous l'application de cet article. Quant aux autres membres de la délégation, nous ne voyons pas ce qui pourrait justifier une doctrine aussi rigoureuse, puisqu'ils n'ont à prendre à aucun moment la présidence de la délégation. En effet, lorsque le président vient à manquer par décès ou par démission, ce n'est pas un de ses collaborateurs qui le remplace ; il est pourvu à la vacance par un nouveau décret du chef de l'État.

Mais nous n'hésitons pas à reconnaître que l'on violerait les prescriptions de cet article, si on confiait par exemple les fonctions de vice-président à un agent salarié du président.

IV. — Durée des pouvoirs de la délégation.

En ce qui concerne cette partie de notre étude, il ne nous paraît pas nécessaire de rappeler les différentes phases de la discussion devant les deux Chambres, car il n'y a aucun doute possible à cet égard. Les électeurs doivent être réunis pour renouveler le conseil municipal, dans un délai maximum de deux mois, à partir de la dissolution ou de la dernière démission [1].

Les termes de l'article 45 de la loi de 1884 n'offrent aucune ambiguïté et il faut que le scrutin, — au moins le premier tour, — soit fixé par le préfet avant l'expiration des deux mois.

Quel sera le point de départ du délai dans les autres circonstances qui peuvent donner lieu à la nomination d'une délégation spéciale ?

En cas de dissolution de plein droit, par application de l'article 9 de la loi du 5 avril 1884, la nomination de la délégation doit intervenir dans la huitaine qui suit la promulgation de la loi ou du décret, ou la publication de la décision qui a modifié la circonscription territoriale des communes. Le délai de deux mois doit partir de la même date.

Dans l'hypothèse où il y a eu impossibilité constatée de reconstituer le conseil municipal, le point de départ des délais doit être le jour où cette constatation est faite. Quel est ce jour ? C'est, selon nous, le len-

---

1. On doit entendre, naturellement: du jour où la dernière démission est devenue définitive, conformément aux prescriptions de l'article 60.

demain du second tour de scrutin demeuré sans résultat, et cela ressort clairement pour nous des paroles prononcées à la tribune du Sénat par le rapporteur de la commission dans la séance du 1er mars 1884 [1]. En effet, puisque, d'après cet orateur, l'impossibilité de reconstituer l'assemblée communale résulte de l'issue négative d'une première tentative, comprenant le premier et le second tour, sans qu'il soit besoin d'en faire un autre, le point de départ du délai ne peut être fixé ailleurs qu'au lendemain du second tour.

Mais il faut, bien entendu, que les opérations du premier tour aient pu être tenues ; dans le cas, en effet, où, par suite de l'abstention du corps électoral au premier tour, il n'y aurait pas eu d'opérations, il serait impossible de procéder à un second tour. On ne se trouverait plus alors placé dans l'hypothèse prévue par l'honorable rapporteur du Sénat, mais dans une espèce toute différente, celle de l'abstention systématique des électeurs, laquelle, pour être certaine, doit avoir été constatée par deux convocations, c'est-à-dire par une première et une seconde tentative [2].

Il est donc essentiel d'examiner si l'impossibilité de reconstituer le conseil municipal provient de l'abstention des électeurs ou d'une autre cause, telle que le refus systématique des élus d'accepter le mandat qui leur est confié.

Quant au terme des pouvoirs de la délégation, l'article 45, § 2, le fixe lui-même en disant : « Les fonctions de la délégation spéciale expirent « de plein droit dès que le conseil municipal est reconstitué. » Il en résulte que si, l'administration ayant convoqué les électeurs pour renouveler l'assemblée communale dans le délai de deux mois, la tentative, comprenant soit les deux tours de scrutin, soit les deux convocations, selon la distinction établie ci-dessus, demeure infructueuse, la délégation restera en fonctions, sans qu'il soit besoin de lui conférer une nouvelle investiture. C'est ce qui a été fort bien expliqué par M. de Marcère, lorsque, M. Amagat lui ayant demandé : « Dans le cas où, à « l'expiration du délai..., les élections ne pourraient pas se faire, « qu'adviendrait-il avec votre article 44 ? » l'honorable rapporteur

---

1. M. Morgand partage cette opinion, implicitement tout au moins. (Voir *La Loi municipale,* t. I, p. 266.)

2. Conseil d'État, 24 juillet 1885, *Saint-Julien* (Var) ; — 7 août 1885. *Mépieu* (Isère), etc. (V. Juillet-Saint-Lager, *Élections municipales,* 2e édit. p. 327, no 1098.)

répondit : « La réponse est dans l'article 45 : la situation doit être
« prolongée jusqu'au moment où il sera possible de constituer un
« conseil municipal [1]. »

Mais alors, dira-t-on, comme l'a fait aussitôt M. Amagat, une fois que
l'administration aura essayé de reconstituer le conseil municipal, sans
succès, les fonctions de la délégation vont pouvoir durer jusqu'au renouvellement général des conseils municipaux ; on retombe ainsi, et
dans de pires conditions, dans le système des anciennes commissions
administratives, condamné par le législateur de 1884 !

L'inconvénient serait grave, en effet ; bien qu'à tout prendre ce soit
par la faute des électeurs, seuls responsables en la circonstance. Mais
pour y remédier, dans le silence de la loi sur ce point, la jurisprudence
du ministère de l'intérieur veut que le préfet, de deux en deux mois,
convoque le corps électoral municipal jusqu'à ce qu'une assemblée
soit enfin constituée [2]. Cette procédure, rationnelle et conforme sinon
au texte, — puisqu'il n'y en a pas, — du moins à l'esprit de la loi,
prévient toutes les difficultés.

On a voulu exciper de ce même § 2 de l'article 45 pour dire qu'une
fois nommée, la délégation doit obligatoirement conserver son mandat
jusqu'à ce que le conseil municipal, dont elle tient provisoirement
lieu, soit formé. Cette idée d'inamovibilité temporaire n'est pas pour
nous séduire.

Nous pensons d'abord, avec M. Morgand [3], qu'il est de principe, à
moins que la loi n'en ait formellement disposé autrement, qu'une autorité a toujours le droit de faire cesser les fonctions de ceux qu'elle a
nommés.

Or, la loi de 1884 n'apporte aucune restriction aux pouvoirs du Gouvernement sur ce point. Comment admettre d'ailleurs que le Chef de
l'État qui peut, par un décret de dissolution, faire cesser les fonctions
d'une assemblée issue du suffrage universel pour une durée de quatre
ans, soit impuissant à l'égard d'une commission nommée par lui-même
pour quelques semaines ?

De plus, si on adoptait cette théorie pour l'ensemble de la délégation, il faudrait l'adopter également pour chacun de ses membres

---

1. Chambre des députés, séance du 6 juillet 1883.
2. Commune de Solignac (Haute-Vienne).
3. *La Loi municipale*, t. I, p. 264.

individuellement et l'on en arriverait à dire que le Gouvernement ne pourrait remplacer, le cas échéant, un membre devenu indigne ou venant à avoir des intérêts opposés à ceux de la commune. Ne serait-ce pas tomber dans l'absurde ?

D'ailleurs si la délégation, une fois nommée, devait forcément rester, telle qu'elle est, en fonctions jusqu'à la constitution d'un nouveau conseil municipal, par suite de l'interprétation absolue qu'on donnerait au § 2 de l'article 45, il faudrait de toute nécessité en conclure qu'aucun de ses membres n'aurait le droit de résigner son mandat.

Que deviendrait alors le principe en vertu duquel « tout fonction-« naire public peut, par une démission volontaire, renoncer à ses « fonctions [1] » ?

Est-il besoin de dire que le Gouvernement a déjà eu l'occasion de remplacer les membres démissionnaires d'une délégation [2] ? et même d'ajouter que nul n'a songé à protester ?

Si donc l'investi peut mettre fin lui-même à son mandat, *à fortiori* l'investissant peut faire cesser ce mandat.

Le Gouvernement a le droit de révoquer et de remplacer les membres d'une délégation qui ne remplissent pas à son gré la mission dont ils sont chargés. — Et il a déjà usé de ce droit [3].

V. — Attributions.

La question des attributions des délégations spéciales ne paraît pas être encore bien connue, parce que jusqu'ici les décisions interprétatives du § 5 de l'article 44 font presque complètement défaut. Aussi est-ce dans les travaux préparatoires des commissions, dans les projets de loi et dans la discussion qu'il faut puiser pour bien comprendre la portée de cette disposition portant : « Les pouvoirs de la délégation « sont limités aux actes de pure administration conservatoire et ur-« gente. En aucun cas, il ne lui est permis d'engager les finances mu-« nicipales au delà des ressources disponibles de l'exercice courant.

---

1. Sainte-Hermine, *Traité de l'organisation municipale*, p. 135.

2. Orchain (Loir-et-Cher). Décret du 15 octobre 1889.

3. En ce sens, décision du ministre de l'Intérieur du 1er mars 1886, Quarante (Hérault).

« Elle ne peut ni préparer le budget communal, ni recevoir les comptes
« du maire ou du receveur, ni modifier le personnel ou le régime de
« l'enseignement public. »

Il nous faut aussi, pour mieux nous éclairer, rechercher tout ce qui
a été dit ou fait au sujet de l'article 87, dont voici la teneur : « Au cas
« prévu et réglé par l'article 44, le président et, à son défaut, le vice-
« président de la délégation spéciale remplit les fonctions de maire.
« Ses pouvoirs prennent fin dès l'installation du nouveau conseil. »

1° *Attributions de la délégation prise dans son ensemble.*

Rappelons d'abord que le projet élaboré par la commission[1], prési-
dée par M. de Marcère, portait, en son article 30, une rédaction identique au texte actuel, avec cette seule différence qu'elle statuait sur
les pouvoirs d'une commission municipale, et non d'une délégation
spéciale. On n'avait pas encore, en effet, renoncé au système des commissions administratives.

L'honorable député, dans le rapport[2] qui accompagnait ce projet,
déposé sur le bureau de la Chambre à la séance du 19 décembre 1882,
s'exprimait ainsi : « ..... Une commission peut être nommée pour
gérer les affaires courantes, mais sans autre pouvoir que celui de simple
administration. »

Dans le texte soumis à la Chambre en seconde délibération, l'article
30 est devenu l'article 44, — il a toujours conservé ce numéro depuis
lors, — et la commission municipale s'est transformée alors en un délégué unique, comme nous l'avons vu précédemment. Ce qui ressort tout
d'abord, c'est l'intention bien nette du législateur de restreindre au
minimum les attributions de l'administration provisoire que les circonstances obligeraient à donner à une commune.

M. Amagat, parlant sur l'article 44[3], a dit : « Il s'agit d'instituer un
« administrateur provisoire qui remplace l'ancienne commission admi-
« nistrative avec des pouvoirs limités. » Et plus loin : « Il est bien
« entendu..... que je ne veux pas plus que vous, Messieurs, confier à des
« agents nommés par les préfets le droit d'engager l'avenir d'une com-

---

1. *Journal officiel* du 4 janvier 1883. — Documents parlementaires, annexe
n° 1547.

2. *Ibidem.*

3. Chambre des députés, séance du 6 juillet 1883.

« mune sans l'assentiment des électeurs. » En parlant ainsi, le député du Cantal était en parfaite communion d'idées avec la commission, avec le rapporteur et avec la Chambre elle-même.

Frappée de la discussion qui venait de se produire et à laquelle avaient pris part plusieurs députés, après M. Amagat, sur les diverses questions que soulevait l'article 44, la commission, par l'organe de son rapporteur, demanda que cet article fût modifié comme suit : « Les « pouvoirs de ce délégué sont limités aux actes conservatoires et ur- « gents de pure administration. »

Bien que M. de Marcère n'ait pas expliqué la portée de cette modification, qui n'est d'ailleurs pas entrée dans le texte définitif de la loi, il nous semble évident qu'il voulait affirmer, plus fortement encore, la volonté de la commission de restreindre aux actes absolument indispensables les attributions de l'administrateur provisoire pendant l'interrègne municipal.

Nous ne trouvons plus rien, dans les délibérations de la Chambre, qui puisse s'appliquer aux attributions de la délégation prise dans son ensemble. Tout ce qui a été dit en sus, à l'article 87, vise les pouvoirs du président et nous nous en occuperons plus loin.

Lorsque l'article 44 vint en discussion devant le Sénat, M. de Ravignan demanda l'adoption d'un amendement ainsi conçu : « La déléga- « tion n'a le droit de nommer ou suspendre qu'à titre provisoire les « titulaires des emplois communaux dont la nomination est attribuée « au maire par la présente loi. »

M. Demôle, rapporteur, fit, avec raison, observer à son collègue que son amendement visait bien plus l'article 87 que l'article 44.

Nous avons épuisé les sources de renseignements qu'offrent les travaux préparatoires et la discussion de la loi ; d'autre part, la jurisprudence administrative est muette sur la question. Il convient donc de s'en tenir au texte lui-même.

On se heurte immédiatement à une difficulté. D'un côté, dit-on, l'article 44 restreint les attributions de la délégation aux actes de pure administration conservatoire et urgente, et de l'autre, il énumère les actes que la délégation ne peut pas faire. Or, en vertu de l'adage « *qui dicit de uno negat de altero* », la délégation doit pouvoir faire tout ce qui ne lui est pas interdit, et alors ses attributions ne se bornent plus aux actes de pure administration conservatoire et urgente.

Nous croyons pouvoir répondre que l'énumération qu'on nous oppose n'est pas limitative et qu'elle a pour but de bien montrer que la délégation ne doit pas s'immiscer dans les affaires importantes, telles que le régime de l'enseignement public, ni même dans les affaires urgentes, mais graves, telles que l'examen des comptes du maire ou l'établissement des budgets.

Au point de vue financier, la délégation ne peut se mouvoir que dans des limites très étroites, puisqu'elle ne peut engager les finances municipales au delà des ressources disponibles de l'exercice courant.

Elle n'a donc qualité ni pour décider un emprunt, ni pour voter une imposition ordinaire ou extraordinaire : elle peut seulement disposer des crédits inscrits au budget et des fonds libres provenant du non-emploi de certains crédits, voilà tout. Encore faut-il tenir compte de ce que la délégation, ayant une existence éphémère, ne devra user de ces droits, même restreints, que pour des nécessités urgentes, comme le dit la loi en termes formels.

Il ne faut pas perdre de vue, d'ailleurs, que les membres d'une délégation spéciale sont de véritables fonctionnaires temporaires, nommés par le Président de la République sur la désignation du ministre de l'intérieur, et que, par conséquent, chaque fois qu'ils se trouveront en présence d'une situation délicate, ils en référeront au préfet, qui veillera à ce que la loi soit observée dans sa lettre et dans son esprit.

De ce que la délégation spéciale remplit provisoirement les fonctions de conseil municipal, on a voulu en induire que ses séances doivent être publiques, conformément à la première partie de l'article 54 de la loi de 1884.

Nous sommes d'un avis opposé. Les motifs qui ont amené le législateur à édicter la publicité des séances du conseil municipal n'existent plus lorsque cette assemblée est remplacée par une délégation, et la nature même des attributions, extrêmement restreintes, de celle-ci enlèverait d'ailleurs tout l'intérêt que les électeurs peuvent avoir à assister aux délibérations.

D'un autre côté, la loi qui a pris soin de dire, en son article 87, que le président de la délégation remplace le maire, n'a indiqué nulle part que les règles applicables aux assemblées communales dussent être observées par les délégations.

Telle est la doctrine du ministère de l'intérieur [1], mais il ne nous

---

1. Instructions au préfet du Nord, 3 mai 1887.

paraît pas inutile de faire valoir un autre argument à l'appui de cette jurisprudence.

Comme l'ont fait remarquer tour à tour MM. de Marcère, Demôle et plusieurs orateurs après eux, tant à la Chambre qu'au Sénat, la délégation spéciale est nommée, presque toujours, à un moment où les esprits sont très surexcités, et le délai fixé pour la durée de ses pouvoirs a pour but de laisser à l'effervescence le temps de se calmer. Si les séances de la délégation étaient publiques, elles deviendraient une cause de conflit permanent, le trouble persisterait dans la commune, les passions et les rivalités ne parviendraient pas à s'apaiser.

En outre, des individus turbulents chercheraient sans doute à troubler les séances d'une commission peu nombreuse, à provoquer des désordres et à empêcher la délégation de s'occuper utilement de la mission dont elle est investie. Le président, par prudence et par mesure de précaution, devrait prononcer le huis-clos à chaque réunion. Il est bien plus logique d'admettre que, la loi ne l'exigeant pas, les séances de la délégation spéciale ne sont pas publiques, et que l'innovation de l'article 54 s'applique exclusivement aux conseils municipaux.

2° Attributions du président.

Nous avons vu, il y a un moment, le texte de l'article 87. Ce texte donne au président de la délégation spéciale, et, à son défaut, au vice-président, toutes les attributions du maire. Les seules restrictions dont il faille, par conséquent, tenir compte, sont celles qui résultent de la discussion des articles 44, 45 et 87, devant la Chambre des députés et devant le Sénat.

Dans le discours que nous avons déjà cité plusieurs fois, M. Amagat qui voulait, on s'en souvient, que le délégué unique fût nommé par le suffrage universel, s'exprimait ainsi [1] : « Qu'on ne m'objecte pas que « l'administrateur provisoire ne peut engager les finances de la ville. « En réalité ce sera le maire. Il en aura la puissance ; il en aura le « prestige..... Il présidera la commission de l'hospice. Il aura la main « sur les bureaux de bienfaisance. Il fera exécuter des travaux. Il « commandera toute l'armée administrative.... » Cette énumération, d'ailleurs incomplète, n'a fait l'objet d'aucune contradiction et ces

---

1. Chambre des députés, séance du 6 juillet 1883.

assertions n'ont pas été réfutées. Elles conservent donc toute leur valeur et donneraient une idée assez précise, par elles-mêmes, des pouvoirs et des attributions du président d'une délégation spéciale, alors
même que l'article 87 ne serait pas venu sanctionner les dires de
M. Amagat.

En ce qui concerne le personnel municipal, ce membre du Parlement n'avait visé que la direction de ce personnel, sans s'arrêter à la
question de savoir si le président de la délégation aurait ou non le
droit de nomination, de révocation, etc... Ce point serait resté fort
obscur si la discussion ultérieure n'était venu l'éclaircir.

En effet, M. Leydet, député des Bouches-du-Rhône, avait compris
que l'administrateur provisoire ne pourrait toucher au personnel des
employés communaux et, en se déclarant partisan de cette interdiction, il questionnait la commission à ce propos [1] pour savoir si elle
entendait parler du personnel enseignant seul, ou du personnel en général. Ce ne fut pas le rapporteur, mais le président de la Chambre qui
répondit : « Il s'agit de l'interdiction dans tous les cas.... » Mais, comme
M. Leydet, M. Brisson en s'exprimant ainsi commettait une erreur ;
les votes ultérieurs émis par la Chambre et par le Sénat l'ont prouvé.

Lorsque l'article 87 vint en discussion, M. Lorois fit des observations
au sujet du pouvoir qu'aurait le président de la délégation, agent du
préfet, de nommer les gardes champêtres, les employés de la police et
autres agents, en faisant remarquer que le préfet seul ayant le droit de
révoquer ces agents, il en résulterait que la municipalité succédant à
la délégation pourrait se trouver avoir sous ses ordres des employés
hostiles et sur lesquels son action serait fort amoindrie. Il présenta en
conséquence l'amendement suivant [2] : « Le délégué spécial ne peut
« nommer que provisoirement les gardes champêtres, inspecteurs de
« police, brigadiers, sous-brigadiers et les agents de police. » M. Lorois, dont les conclusions ont été, un moment après, soutenues par
M. Bourgeois [3], avait dit, d'ailleurs, que les pouvoirs sur le personnel
municipal donnés à la délégation étaient en contradiction avec les termes de l'article 44 restreignant aux actes de pure administration conservatoire et urgente les attributions de l'administrateur provisoire [4].

---

1. Chambre des députés, séance du 6 juillet 1883.
2. Chambre des députés, séance du 25 octobre 1883.
3. *Ibidem.*
4. *Ibidem.*

Répondant à M. Lorois[1], le rapporteur refusa de partager les craintes émises par le député du Morbihan, et il rejeta bien haut la possibilité d'admettre qu'un préfet pût agréer un garde champêtre nommé par l'administrateur provisoire, ni même que celui-ci se crût autorisé à nommer des employés. Voici d'ailleurs ses propres paroles : « ..... Il « n'est pas admissible que ce délégué, cet agent transitoire, qui n'est « que pour quelques jours maire de la commune, se permette de faire « des choix de fonctionnaires municipaux..... Il ne suffit pas que le « maire nomme, qu'il choisisse le garde champêtre ; il faut que ce « garde champêtre, nommé par le maire, soit agréé par l'autorité ad-« ministrative. Allez-vous admettre que l'autorité administrative agréera « et commissionnera un garde champêtre nommé dans ces conditions ? « Ce n'est pas vraisemblable. C'est une hypothèse inadmissible, et ce « n'est pas pour un cas aussi particulier, aussi impossible à prévoir, « que nous pouvons modifier un texte de loi.... » Puis, pour bien donner à sa pensée tout son développement, M. de Marcère ajouta : « Il « est évident que pendant cet intérim il (l'administrateur provisoire) « ne commettra pas l'erreur, je dirais l'inconvenance, que vous pré-« voyez dans votre amendement. » Et l'amendement de M. Lorois a été rejeté[2].

Que conclure de tout cela ? MM. Leydet et Brisson d'un côté, MM. Lorois et Bourgeois de l'autre, ont eu une idée presque identique. M. de Marcère est entré dans leurs vues. Il considère que le président de la délégation commettrait une erreur, et même une inconvenance, en touchant au personnel municipal et que jamais un préfet ne voudrait commissionner un garde champêtre ou un agent de police présenté à son choix par l'administrateur provisoire de la commune.

Mais si un président de délégation commet cette erreur, cette inconvenance, si un préfet passe outre aux inconvénients signalés par le rapporteur de la Chambre, l'acte ainsi commis sera-t-il illégal ? Nous ne le pensons pas, puisque la loi est muette sur ce point et, si l'on peut ainsi parler, volontairement muette.

Ce qui nous confirme dans notre opinion, c'est ce qui s'est passé au Sénat lors de la discussion de l'article 44. A ce moment[3], M. le baron

---

1. Chambre des députés, séance du 25 octobre 1883.

2. *Ibidem*.

3. Sénat, séance du 1er mars 1884.

de Ravignan, reprenant et généralisant les idées de M. Lorois, demanda
que l'article additionnel suivant fût ajouté à l'article 44 : « La déléga-
« tion n'a le droit de nommer ou de suspendre qu'à titre provisoire
« les titulaires des emplois communaux dont la nomination est attri-
« buée au maire par la présente loi. »

La réponse de M. Demôle, rapporteur de la commission sénatoriale,
nous semble jeter un jour utile sur la question et nous croyons devoir
en reproduire les passages suivants[1] : « L'honorable M. de Ravignan
« n'entend pas, sans doute, demander que le président de la délégation
« spéciale soit privé, pendant la durée des fonctions de la délégation,
« du droit de nomination et de suspension sur les agents communaux.
« Seulement il demande, par son paragraphe additionnel, qu'entre les
« mains du président de la délégation spéciale ce droit de nomination
« et de suspension ne s'exerce qu'à titre provisoire. Je crois que la
« commission et tout le monde seront d'accord avec l'honorable M. de
« Ravignan : ce droit s'exerce et ne peut s'exercer que provisoirement. »
Puis, passant en revue les motifs qui donnent un caractère essentiellement
transitoire aux pouvoirs de la délégation et de son président, M. Demôle
ajoutait : « Par conséquent, tous les actes que le président de la délé-
« gation spéciale a faits ou pu faire dans l'intervalle de ses fonctions
« expirent nécessairement dans un délai très court.... » Et plus loin,
expliquant la véritable portée de la phrase précédente, l'honorable
M. Demôle ajoutait : « . . Le Sénat comprend immédiatement que,
« dans tous les cas possibles, les nominations et suspensions d'agents
« communaux, faites par le président de la délégation spéciale en vertu
« des attributions de maire qui lui sont confiées provisoirement et
« pour un temps très court, prennent fin immédiatement, *si le nouveau*
« *maire l'exige*, à partir de l'installation du nouveau conseil municipal,
« et, par suite, du nouveau maire.... C'est donc à ce moment que le
« nouveau maire va trouver en fonctions ou suspendus, ou révoqués,
« des agents communaux dans lesquels il avait confiance et auxquels
« il désire attribuer l'exercice des pouvoirs municipaux attachés à leur
« charge ; à partir de ce moment-là, le nouveau maire, élu du suffrage
« universel, élu du conseil municipal, représentant normal et régulier
« de la commune, reprenant tous ses droits, fera, pour le personnel
« communal, tous les actes que la loi lui attribue. » M. Demôle con-

---

1. Sénat, séance du 1er mars 1834.

cluait en considérant le paragraphe additionnel de M. de Ravignan comme inutile, puisqu'il ne faisait que dire explicitement çe qui était contenu implicitement dans la loi. Le paragraphe additionnel a été repoussé [1].

Depuis lors, on n'est pas revenu sur cette question et les déclarations de M. Demôle n'ont été ni contestées, ni discutées, ni interprétées soit à la Chambre, soit au Sénat.

Comme on le voit, la théorie de l'honorable sénateur est en contradiction avec celle que M. de Marcère avait soutenue quelques mois auparavant. M. Demôle reconnaît au président de la délégation le droit de nommer, suspendre ou révoquer les agents municipaux, droit si nettement dénié à l'administrateur provisoire de la commune par M. de Marcère.

Nous sommes de l'avis de M. Demôle contre M. de Marcère. Nous ne comprendrions pas, en effet, qu'on refusât au président de la délégation l'exercice d'un droit, qui peut avoir précisément pour effet de lui permettre de remplir la mission dont il est investi. Il peut arriver qu'un employé communal prenne parti dans les luttes locales, se fasse l'agent de telle ou telle personnalité, ou use de l'influence que lui donnent ses fonctions pour entretenir dans les esprits une agitation que la dissolution du conseil municipal a eu pour but de calmer. Il serait inadmissible, dans ces conditions, que cet employé ne pût être suspendu ou révoqué et que personne ne pût lui enlever un titre dont il abuse, dont il se sert peut-être contre celui-là même à qui il doit respect et obéissance, — au moins provisoirement.

Nous pensons donc, avec le rapporteur de la commission du Sénat, que le droit de nomination, de suspension et de révocation des agents municipaux appartient incontestablement au président de la délégation spéciale.

Il est cependant un point sur lequel M. de Marcère et M. Demôle se sont rencontrés, c'est le caractère essentiellement transitoire des actes accomplis par le président de la délégation, avec cette réserve, qui doit être sous-entendue, qu'il s'agit d'actes sur lesquels une administration régulière peut revenir.

C'est ce qui nous porte à dire que MM. de Marcère et Demôle, bien que celui-ci n'ait pas eu occasion de s'en expliquer, ont eu la même

---

1. Sénat, séance du 1er mars 1884.

pensée en ce qui concerne les nominations de gardes champêtres, agents de police, etc... Le président de la délégation n'aurait donc pas qualité pour créer, par une présentation à l'agrément du préfet, une situation sur laquelle la municipalité future ne pourrait revenir, au cas où le préfet commissionnerait l'agent présenté, ce dont il se gardera certainement, d'ailleurs, à cause de l'opinion développée sur ce point à la tribune de la Chambre des députés dans la séance du 25 octobre 1883.

Lorsqu'il fut appelé à répondre à M. de Ravignan au sujet de l'article 44, M. Demôle, en faisant observer que le paragraphe additionnel proposé visait plutôt l'article 87, a eu occasion[1] de faire remarquer la place qu'occupe ce dernier article dans la loi.

La disposition qui confère au président de la délégation spéciale les fonctions provisoires de maire vient, en effet, immédiatement avant l'énumération des attributions du chef de la municipalité, spécifiées par les articles 88 et suivants.

Par conséquent, par opposition aux pouvoirs de la délégation, prise comme assemblée délibérante, qui sont des plus restreints, les pouvoirs du président semblent avoir toute l'étendue de ceux du maire lui-même.

Mais on a voulu tirer argument de cette circonstance pour dire que l'article 82 n'est pas visé par l'article 87 et que, par suite, le président de la délégation spéciale n'a pas le droit de déléguer une partie de ses fonctions aux autres membres de la délégation.

Cette théorie semble bien hasardée. D'une part, en effet, l'article 87 est trop général dans ses termes pour que la restriction proposée soit admissible, puisqu'il dit : « Le président.... remplit les fonctions de maire », il doit être sous-entendu « dans les conditions où le maire lui-même les remplit ». D'un autre côté, si l'on veut supprimer dans l'article 82 le droit de délégation de la part du président, il faut supprimer, en ce qui le concerne, tout l'article 82. Il en résulterait alors que ce président ne serait plus seul chargé de l'administration communale : qui donc alors le seconderait, dans quelles limites, et en vertu de quel texte ? Ce serait l'anarchie.

Enfin il suffit de prendre un exemple pour faire sentir le peu de valeur de l'objection. Supposons une ville dans laquelle, aux termes de

---

1. Sénat, séance du 1er mars 1884.

l'article 73, la municipalité se compose du maire et de douze adjoints. La loi elle-même a voulu donner douze collaborateurs au chef de la municipalité, qui, sans cette aide, succomberait sous le poids de ses devoirs multiples. Des troubles locaux surviennent, la mésintelligence se glisse au sein du conseil municipal, les affaires restent en souffrance pendant plusieurs mois. Enfin le Gouvernement, désireux de ne pas laisser plus longtemps compromis les intérêts d'une grande ville, prononce la dissolution de l'assemblée communale et nomme une délégation. Cette délégation sera composée de sept personnes au maximum, c'est-à-dire d'un nombre de membres, y compris le président, inférieur au chiffre de collaborateurs que l'article 73 donnait au maire. En raison même des circonstances qui ont amené sa nomination, le président aura une tâche bien plus lourde, bien plus délicate que celle du maire qu'il remplace provisoirement. On ne peut donc lui contester le droit de déléguer une partie de ses fonctions à ses collègues. Ce serait le livrer à la merci des employés municipaux et le mettre dans l'impossibilité matérielle et morale de remplir sa mission.

Aussi, consulté sur ce point, le ministre de l'intérieur n'a-t-il pas hésité à reconnaître au président de la délégation le droit d'user de l'article 82 et de prendre des arrêtés pour confier, à un ou plusieurs de ses collègues, une partie de ses attributions, dans les mêmes conditions où le ferait un maire [1].

En ce qui concerne la présidence du bureau électoral, il n'y a pas de doute possible aujourd'hui : elle appartient de droit au président de la délégation. Mais il ne lui a pas été toujours reconnu. M. Leydet, député des Bouches-du-Rhône, avait présenté, pour compléter l'article 45, un article additionnel ainsi conçu [2] : « Le délégué ne pourra présider un bureau électoral, ni nommer les présidents des bureaux électoraux, etc... », et comme le rapporteur venait de réfuter [3] les arguments produits par l'auteur de cette proposition, M. Lorois demanda [4] à qui la présidence des bureaux de vote, en cas de pluralité, serait confiée. M. de Marcère répondit [5] : « Il (le délégué, actuellement le président de la délégation) remplit les fonctions de maire ; par

---

1. Instructions au préfet du Nord, 16 avril 1887.
2. Chambre des députés, séance du 6 juillet 1883.
3. *Ibidem.*
4. *Ibidem.*
5. *Ibidem.*

« conséquent, il les exercera dans ce cas comme dans les autres.
« D'ailleurs, la présence des assesseurs doit rassurer mon honorable
« collègue et la Chambre ; ils seront là pour surveiller et donner satis-
« faction aux électeurs. » L'amendement de M. Leydet a été repoussé [1].

Cette réponse nous amène à examiner la question suivante : « Com-
« ment le président de la délégation composera-t-il le bureau élec-
« toral ? »

En cas d'élections municipales, pas de difficultés, puisque les assesseurs désignés par la loi (art. 19) sont de droit les deux plus âgés et
les deux plus jeunes des électeurs, sachant lire et écrire, présents à
l'ouverture du scrutin. C'est certainement à cette espèce que M. de
Marcère a fait allusion. Mais en cas d'élection au conseil général ou
législative, il n'en va pas de même : aux termes du décret du 2 février
1852, les assesseurs ne peuvent être pris parmi les électeurs qu'à défaut
de conseillers municipaux.

Dira-t-on que les membres de la délégation remplacent les conseillers
et siégeront au bureau électoral ? Soutiendra-t-on, au contraire, que
ce sont de simples auxiliaires, donnés au président, n'ayant en rien le
caractère de conseillers suppléants et ne pouvant, par suite, être assesseurs ? Cette dernière thèse a été soumise au Conseil d'État qui, malheu-
reusement, n'a pas eu à se prononcer, les auteurs du pourvoi dans
lequel elle était développée ayant, quant au fond de l'affaire, aban-
donné leur recours [2].

Quoi qu'il en soit, cette doctrine nous paraît difficilement admissible,
et nous n'hésitons pas à adopter celle qui voit dans les membres de la
délégation de véritables conseillers municipaux suppléants. Cet avis se
trouve d'ailleurs en concordance avec celui que nous avons développé
au sujet des droits du président d'user de l'article 82.

Or, si le président de la délégation peut confier, par arrêté, à ses
collègues une partie de ses pouvoirs, c'est parce que ces collègues,
pris individuellement, ont provisoirement le caractère de conseillers
municipaux, de même que, d'une manière restreinte, il est vrai, mais
d'une manière indiscutable, ils remplacent transitoirement, pris dans
leur ensemble, le conseil municipal qui n'existe plus ou qui n'existe
pas encore.

---

1. Chambre des députés, séance du 6 juillet 1883.
2. Élection d'un conseiller général, canton de Léguevin (Haute-Garonne).

Cette opinion est d'ailleurs partagée par le ministère de l'intérieur, ainsi que cela résulte d'un avis fourni au Conseil d'État, à la date du 5 décembre 1889 [1].

Qu'on n'objecte pas que les membres d'une délégation spéciale, nommée par le Gouvernement, ne sauraient avoir le caractère de conseillers municipaux issus du suffrage universel. La réponse est facile : il suffit de faire observer que le président de la délégation, nommé par décret, a tous les droits, devoirs, prérogatives et pouvoirs d'un maire, lequel est investi de son double mandat, d'abord par le corps électoral et ensuite par le choix de ses collègues du conseil municipal.

---

1. Élection d'un conseiller général, canton de Léguevin (Haute-Garonne).

Nancy, imprimerie Berger-Levrault et Cie.

La Loi municipale. Commentaire de la loi du 5 avril 1884 sur l'organisation et les attributions des conseils municipaux. Suivi du commentaire de la loi du 22 mars 1890 sur les Syndicats des communes, par Léon MORGAND, chef de bureau à la Direction de l'Administration départementale et communale au Ministère de l'intérieur. 4ᵉ édition revue, augmentée et mise au courant de la jurisprudence. 1892. — Tome I : *Organisation*. — Tome II : *Attributions et comptabilité*. Ouvrage honoré d'une souscription du Ministre de l'intérieur. Deux vol. in-8º (1191 pages), brochés . . **15 fr.**
    Reliés en percaline . . . . **18 fr.**

Élections municipales. Jurisprudence du Conseil d'État, par Marcel JUILLET SAINT-LAGER, sous-chef de bureau au ministère de l'intérieur, ancien vice-président de conseil de préfecture. 2ᵉ édition, revue, mise à jour et augmentée. 1892. Ouvrage honoré d'une souscription du Ministère de l'intérieur. Un vol. in-8º de 395 p., broché. **4 fr.**

Examen critique de la loi du 22 juillet 1889 sur la procédure à suivre devant les conseils de préfecture, par BRÉMOND, professeur à la Faculté de droit de Montpellier. 1892. Volume gr. in-8º, broché . . . . **3 fr. 50 c.**

Manuel de statistique pratique. Statistiques municipales et départementales ; statistique générale de la France et de toutes les administrations, par V. TURQUAN, chef du bureau de la statistique générale de France au Ministère du commerce, de l'industrie et des colonies. Préface de M. Maurice BLOCK, membre de l'Institut. 1891. Volume gr. in-8º, broché. . . . . **12 fr.**

Ajustement complémentaire des tables de mortalité pour les sociétés de retraites, par Prosper DE LAFITTE, ancien élève de l'École polytechnique. 1892. Gr. in-8º. **1 fr. 50**

De l'Assistance publique relativement à l'enfance, par J. MARIE, professeur à la Faculté de droit à Rennes. 1892. In-8º. . . . . **2 fr.**

Traité de police administrative et de police judiciaire à l'usage des maires, par Léon THORLET, chef de bureau à la préfecture de la Seine. Un volume in-8º de 713 pages, Broché, 10 fr. ; relié. . . . . **12 fr.**

De l'Intervention des municipalités dans la réglementation du travail, par H. PENSA, avocat à la Cour d'appel de Paris. 1891. Volume gr. in-8º. . . . . . . **2 fr.**

De l'Alignement. Jurisprudence et pratique administrative, par L. DELANNEY, rédacteur au Ministère de l'intérieur. Ouvrage honoré d'une souscription par M. le Ministre de l'intérieur. Un volume in-12 de 356 pages. Broché. . . . . **3 fr. 50 c.**

La Contribution foncière sur les propriétés bâties. Commentaire pratique des articles 4 à 13, 26 et 27 de la loi du 8 août 1890, par MM. Léon GARNIER, chef de division à la préfecture de la Seine, et Paul DAUVERT, secrétaire-greffier du conseil de préfecture de la Seine, rédacteurs de la *Jurisprudence des conseils de préfecture*. (Bibliothèque du contribuable.) Un volume in-12, broché. . . . . **3 fr.**

La Loi sur le recrutement, par Ch. RABANY, sous-chef de bureau au Ministère de l'intérieur. 2ᵉ édition, mise à jour. 1891. 2 vol. in-8º (1,100 pages), brochés. . . **12 fr.**
    Reliés en percaline. . . . . **15 fr.**

Des Contrats passés en la forme administrative. Authenticité, compétence, par Ferd. SANLAVILLE, avocat à la Cour d'appel. 1892. Grand in-8º. . . . . . **4 fr. 25 c.**

Les Formes des enquêtes administratives en matière de travaux d'intérêt public, par Ernest HENRY, ingénieur en chef des ponts et chaussées. Vol. gr. in-8º, br. **4 fr.**

De la Codification des usages locaux, par H. WATRIN, avoué, conseiller d'arrondissement. 1891. Gr. in-8º . . . . **75 c.**

Des Manses épiscopales et du droit de régale, par F. LADRAT, secrétaire général de la préfecture du Gard. 1891. Gr. in-8º. . . . . **3 fr.**

Le Congrès international d'assistance de Paris en 1889, par P. CHABANEL, sous-chef de bureau au Ministère de l'intérieur. 1891. Gr. in-8º. . . . . . . **1 fr. 50 c.**

Dictionnaire de l'Administration française, par Maurice BLOCK, membre de l'Institut. Avec la collaboration de membres du Conseil d'État, de la Cour des comptes, de chefs de service de divers ministères, etc. — 3ᵉ *édition*, complètement refondue et considérablement augmentée, *tenue constamment à jour* par des suppléments annuels qui seront fournis gratuitement aux acquéreurs de l'ouvrage. Un volume grand in-8º de 2240 pages, broché, **35 fr.** — Relié en demi-maroquin, plats toile . . . **40 fr.**